Lasst uns nach Bethlehem gehen

Gloria in excelsis Deo,
et in terra pax
hominibus bonae voluntatis

Axel Schwaigert

Lasst uns nach Bethlehem gehen

Ein Adventskalender zum Lesen

Bibliografische Information
der Deutschen Nationalbibliothek:

Die Deutsche Nationalbibliothek verzeichnet diese
Publikation in der Deutschen Nationalbibliografie;
detaillierte bibliografische Daten sind im Internet
über http://dnb.dnb.de abrufbar.

Illustration: Isabell Hemming

Herstellung und Verlag:
BoD – Books on Demand, Norderstedt

ISBN: 978-3-7460-1075-5

Vorwort

Liebe Leserinnen und Leser

Creccio, eine kleines Dorf nordöstlich von Rom. Ein armes Dorf, mit armen Menschen. Hierher, in die Armut, zur Einfachheit und Bescheidenheit der Menschen, die aus der Not geboren war, zog sich der Heilige Franziskus immer wieder gerne zurück. Hier konnte er Ruhe finden, im Schweigen der Menschen das Sprechen der Schöpfung hören. Und er war den Menschen ganz nah, wegen deren er seine privilegierte Stellung als der verwöhnte Sohn eines reichen Tuchhändlers aufgegeben hatte, den Armen, den Hilfsbedürftigen. Diesen Menschen das Evangelium, die frohe Botschaft zu verkündigen, das hatte er als seine Aufgabe erkannt und angenommen.

Nun gibt es viele Geschichten, Erzählungen, Legenden darüber, was zu jenem Weihnachten in Creccio im Jahre 1223 führte. Sicher ist aber eines: Die Menschen, die an jenem Weihnachtsabend in die einfache Kirche des kleinen Dorfes gekommen waren, sahen dort zum ersten Mal in der Geschichte etwas, was von Weihnachten nicht mehr wegzudenken ist. Eine Krippe. Der Heilige Franziskus hatte Figuren aufgestellt, Marie, die Mutter mit dem Kind, Josef, der verwirrte Vater, die Hirten mit ihren Schafen, die heiligen Drei Könige. Und weil der Heilige Franziskus die Tiere liebte, und weil er sicher war, dass die Tiere das Wunder von Weihnachten besser verstünden als wir Menschen, waren ein Ochs und ein Esel dabei.

Es waren Figuren, in denen sich die Menschen wiedererkannten, Figuren, die so waren wie sie: die erschöpfte junge Mutter, nach der Geburt des ersten Kindes, der Vater, der sich Sorgen darum macht, wie er in der gegenwärtigen schweren wirtschaftlichen Lage seine kleine Familie durchbringen sollte, die Hirten, die für kargen Lohn harte Arbeit leisteten. Selbst die drei Könige, die zwar reich, aber als Fremde im fremden Land heimatlos und verloren waren. Sie alle standen in Anbetung um das Kind in der Krippe.

Mit seiner Krippe zeigte der Heilige Franziskus den Menschen damals und heute, dass sie in der Geschichte der Menschwerdung Gottes vorkommen. Dass sie, dass wir, dabei sind. Die Krippe zeigt, dass Gott wahrhaftig „Emmanuel", Gott mit uns geworden ist, dass uns nichts keine Schranken und keine Hoheiten von Gott trennen. Nicht die Reichen und die Mächtigen, die Priester und Herrscher stehen an der Krippe, sondern Menschen wie du und ich, Menschen die Arm sind.

Wenn wir also zuhause eine Krippe aufstellen, wenn wir die Figuren in die Hand nehmen, dann soll uns das immer wieder daran erinnern: Gott wurde Mensch nicht in einem Palast, bei den Mächtigen, sondern in einem Stall bei den Menschen, die ihn brauchten.

In diesem Adventskalender zum Lesen sind wir eingeladen auf den Weg zu dieser Krippe für die Menschen und in die Krippe hinein. In den Texten sind wir aufgefordert, über die verschiedenen Personen und Situation der Weihnachtsgeschichte nachzudenken. Zu hören, dass Gott bei uns ist, ganz nah. Ein paar Mal können wir die Stimmen der Menschen hören, und uns dann auch selber in der Krippe wiederfinden.

Eingestreut in die Tage des Advents, der Vorbereitung auf Weihnachten, sind Gebete für die Sonntage im Advent. Diese Gebete muss man ein wenig suchen, in den Tagen des Advents, da die Sonntage jedes Jahr ein wenig anders lieben. Und schließlich endet dieser Adventskalender nach Weihnachten an Sylvester und Neujahr mit je einem Gebet für das vergangene und für das kommende Jahr.

Ein Gebet für den 1. Sonntag im Advent

Alle Jahre wieder:

werden Weihnachtslieder gesungen – vom Radio

wird es Licht - in den Kaufhäusern und den Fußgängerzonen

gibt es Plätzchen – zu kaufen, weil wir zu sehr im Stress sind, sie selber zu backen

Alle Jahre wieder:

Schweigen sie, die Sprachlosen

Verzweifeln sie, die Hoffnungslosen

Fürchten sie sich, die Mutlosen

Fliehen sie, die Kriegskinder

Weinen sie, die Witwen

Verirren sie sich, die Flüchtlinge

Schauen sie weg, die Satten

Fühlen sie sich sicher, die Reichen

Lachen sie, die Mächtigen

Alle Jahre wieder:

Gib uns Musik, singender Gott,
die wir singen können, für die ohne Sprache, Hoffnung, Mut!

Gib uns Licht, Gott des Morgens,
für die Kinder des Krieges, die Witwen der Gewalt,
die Flüchtlinge der Armut!

Gib uns Ruhe, Nahrung zuzubereiten, Gott der Fülle,
damit wir sie denen geben, die Hunger haben, die
arm sind, die nichts zu lachen haben!

Alle Jahre wieder:

Lass uns erkennen, Kommender Gott, dass deine
Ankunft nicht einfach geschieht,

sondern mit uns beginnt.

Amen

1
Bereitet dem Herrn den Weg

Jedes Tal soll sich heben, jeder Berg und Hügel soll sich senken. Was krumm ist, soll gerade werden, und was hügelig ist, werde eben. Baut in der Steppe eine ebene Straße für unseren Gott!
Jesaja 40,4

Heute klingt dieser Satz wie die Aufforderung zum Bau einer weiteren Umgehungsstraße. Einer jener neu angelegten Straßen, die einen in großen Bogen um praktisch jede Stadt, jedes Städtchen und jedes Dorf herumführen. Diese Straßen sind ein Wunderwerk der modernen Straßenbautechnik: sie sind gerade, haben höchstens eine leicht geschwungene Kurve, sie unterqueren Hügel und Berge in Tunneln und führen auf Brücken über Täler und Schluchten. Meistens liegen sie hinter Lärmschutzwänden oder sind, das praktischste überhaupt, ganz in Tunneln und Röhren verlegt. Mit gleichmäßiger Geschwindigkeit ziehen die Autofahrer ihre Bahn, ungebremst können sie von hier nach dort rasen.
Ja, Umgehungsstraßen scheinen genau das zu sein, was der Prophet beschreibt.

Aber Umgehungsstraßen sind nicht das, was wir bei Jesaja lesen. Denn Umgehungstrassen tun genau das, was ihr Name sagt: sie umgehen. Sie führen um die Städte und Dörfer herum und leiten an Interessantem vorbei. Sicher, man kommt auf ihnen irgendwie schneller von A nach B, aber auf dem Weg sehen wir nur Wände und Lärmschutzwälle. Eine Umgehungsstraße führt nie hinein in den Ort, führt nie zur Begegnung mit den Menschen, sondern immer daran vorbei.

Die Straße, die der Prophet meint, die ist ganz anders. Ja, sie ist breit und gerade, in Weg in der Wüste, eine Straße für unseren Gott. Aber sie führt nicht außen herum, sondern mitten hinein, mitten hinein in das Zentrum unseres Lebens. Es ist Straße, die nicht fein säuberlich getrennt ist durch Wände und Wälle vom Rest unseres Lebens, so dass Gott an uns vorbeifahren kann, ohne uns zu stören. Sondern es ist eine Straße, die Teil unseres Lebens ist. Eine Straße die direkt zu uns führt, sollen wir bauen, eine Straße, die zu einer Begegnung führt.

Gnädiger Gott,
hilf mit, eine gerade Straße zu bauen,
die Dich zu mir führt und keine Ortsumgehung.
Amen

2
Johannes der Täufer

Johannes aber trug ein Gewand aus Kamelhaaren und einen ledernen Gürtel um seine Lenden und aß Heuschrecken und wilden Honig und predigte und sprach: Es kommt eine nach mir, der ist stärker als ich!
Markus 1, 6f.

Eine seltsame Gestalt dieser Johannes. Und er kommt ja auch in der Krippe und in der eigentlichen Weihnachtsgeschichte nicht vor. Erst später, als Erwachsenem, begegnen wir ihm. Er ist in Lumpen gekleidet, er isst ekelige Sachen, hat kein Dach über dem Kopf. Er ist ungewaschen, und wahrscheinlich stinkt er.

Johannes ist das genaue Gegenteil dessen, was wir uns unter einem erfolgreichen „Vertreter für eine gute Sache" vorstellen würden. So wie er daherkam, würde er heute auf keine Fall etwas werden, Botschafter für Unicef oder für „Brot für die Welt" etwa. Das machen die Reichen und die Schönen, die Stars aus Funk und Fernsehen. Keine Werbung kommt heute aus ohne ihren Glanz und Glamour. Von Brot für die Welt bis Brotaufstrich, von Unicef bis Unterhosen, alle wollen etwas abhaben von der Schönheit und dem Ruhm ihrer berühmten, reichen und schönen Werbeträger.

Johannes ist das krasse Gegenteil: Heute würde Johannes wahrscheinlich nicht einmal mehr Zettel für

einen Pizzaservice auf der Straße verteilen dürfen. So einer wie der wäre ja geschäftsschädigend.
Und doch lässt Gott seinen Sohn gerade von so einem ankündigen!

Gott spielt nicht das Spiel der Welt, wo es um Schein anstatt um Sein geht. Das Wort Gottes muss sich nicht im Glanz anderer sonnen, sondern ist selber Licht für die Welt. Gott kommt es nicht auf das Äußere an, sondern Gott ist am Inhalt, an den Menschen selber interessiert. Das galt zur Zeit des Johannes genauso, wie es auch heute gilt. Die Menschen, die sich für die Sache Jesu einsetzen, sind wichtig, nicht ihr Aussehen, ihre Stellung in der Welt, ihr Reichtum oder ihr Ruhm. Werbeträger für Weihnachten, für Jesus Christus können und sollen wir alle sein.

Guter Schöpfer Gott,
der Du Deinen Sohn zu den Menschen schickst und
ihn in einem Stall in eine Krippe legst,
öffne meine Augen für das Wesentliche.
Lass mich nicht geblendet sein vom schönen Schein,
sondern lass mich sehen, was wirklich wichtig ist,
was wirklich zählt.
Amen

3
Die Weisen brechen auf

Als Jesus geboren war in Bethlehem in Judäa zur Zeit des Königs Herodes, siehe, da kamen Weise aus dem Morgenland nach Jerusalem und sprachen: Wo ist der neugeborene König der Juden?
Wir haben seinen Stern gesehen im Morgenland und sind gekommen, ihn anzubeten
Matthäus, 2, 1f

Wie jede Nacht hatten sie sich getroffen um den Lauf der Gestirne zu beobachten, zu messen, zu zählen, ihre Ergebnisse zu vergleichen. Sie standen zusammen unter dem unglaublichen Funkeln der Sterne, jener Lichter, die dort oben ihre Bahnen zogen. Für die normalen Menschen, die nun schliefen, waren diese Bahnen geheimnisvoll, undurchschaubar. Aber sie, die Experten, die Männer und Frauen des Wissens, kannten die Regeln, nach denen das Universum funktioniert. Sie wussten Bescheid

Es waren ihre Sterne, sie kannten die großen, hellen bei Namen, sie kannten die Konstellationen, wussten, welche Sterne zusammengehören. Sie wussten, welche Wege sie gingen, kannten die Regeln der Sterne und der Welt. Was für andere ein unüberschaubares Chaos war, das war für sie wunderbare, gottgegebene Ordnung. Sie sahen die Hintergründe, konnten voraussagen, was geschehen würde.

Es war mitten in der Nacht, als die Weisen die Entdeckung machten: Da begann ein Stern zu leuchten, den sie nicht kannten, der neue Weg zog, der sich nicht kümmerte um die sicheren Strukturen, die festgeschriebenen Regeln. Ein Stern, der neue Wege ging, der sich einfach nicht an die Regeln der weisen Männer und Frauen hielt.

Und sie wussten: dieser Stern war etwas Neues, noch nie Dagewesenes. Etwas, was ihr Weltbild ins Wanken brachte, ihre Systeme zerbrechen ließ.

Und während sie noch aufgeregt redeten, fragten und diskutierten, ihre Berechnungen nachrechneten, ihre Vorhersagen überprüften, ihre Beobachtungen hinterfragten, da brachen drei von ihnen auf. Drei Weise ließen die Sicherheit der Sterne zurück um dem einen Stern zu folgen. Dieser eine Stern rief sie, forderte sie auf, vom Himmel mit seinen festen Regeln und Strukturen wegzusehen, hin zu den Menschen, wo ein Wunder geschehen sollte.

Sterneschaffender Gott,
gib uns die Kraft Neues zu sehen;
die sicheren Orte zu verlassen;
aufzubrechen, um dich zu finden.
Amen

4
Der Engel der Verkündigung

Und der Engel kam zu ihr hinein und sprach:
Sei gegrüßt, du Begnadete! Der Herr ist mit Dir!
Sie aber erschrak über die Rede und dachte:
Welch ein Gruß ist das?
Lukas 1, 28f

Es ist irgendwie eine schöne, starke Sprache, diese Sprache der Weihnachtsgeschichte, und ich kann sie immer wieder hören: „Und es begab sich aber zu der Zeit, da ein Gebot ausging von dem Kaiser Augustus" oder auch „ Es waren Hirten auf dem Felde, die hüteten des Nachts ihre Schafe" oder eben auch der Gruß des Engels: „Gegrüßet seist du, Maria, voll der Gnaden, der Herr ist mit dir." Das ist schöne, altmodische Sprache, und ich habe sie auswendig gelernt, schon als Kind.

Aber ist es auch Sprache, die die Menschen verstehen? Kann sich der Engel denn überhaupt verständlich machen? Ich denke, so wie Maria damals geht es auch heute vielen Menschen, die diese Sprache, die Sprache der Weihnachtsgeschichte hören: Sie fragen sich: Was für ein Gruß ist das? Oder wahrscheinlicher sagen sie das Gleiche, was Maria gesagt hat, im Originalton, bevor die Evangelisten und Martin Luther den Text so schön druckreif formulierten. Denn Maria sagte wahrscheinlich ganz einfach: „Hääää????" und verstand nicht, was der Typ mit den Flügeln da von ihr wollte. Aber ich stelle mir vor, dass sich der Engel dann hinsetzte zu ihr und es ihr noch einmal erklärte, in ihrer Sprache, der Sprache eines jungen Mädchens vom Land. Denn verstanden hat sie es ja letztendlich, was der Engel ihr da zu verkündigen hatte.

Heute müssen wir diese Engel sein, die sich hinsetzen zu den Menschen und ihnen die Gute Nachricht so erzählen, dass man es verstehen kann. Sonst bleibt die Weihnachtsgeschichte schöne Poesie, an der wir uns in der Weihnachtszeit erfreuen können, die aber keine Auswirkung hat.

**Sprache-gebender Gott,
ich danke dir, dass du uns immer wieder hinaus-
schickst um den Menschen von Dir zu erzählen.
Gib mir die richtigen Worte, die richtige Sprache
und das richtige tun, damit die Menschen verstehen
können, was deine Gute Nachricht ist.
Amen**

5
Drei Weise und der Stern

Als Jesus geboren war in Bethlehem in Judäa zur Zeit des Königs Herodes, siehe, da kamen Weise aus dem Morgenland nach Jerusalem und sprachen: Wo ist der neugeborene König der Juden?
Wir haben seinen Stern gesehen im Morgenland und sind gekommen, ihn anzubeten
Matthäus, 2, 1f

Einen sternklaren Himmel, so richtig mit Tausenden, Hunderttausenden von Sternen, wann sieht man das denn heute noch? In unseren Städten? Wo die Nacht regelmäßig zum Tage wird und wo man die Sterne nur noch von Bildern im Fernsehen kennt? Draußen auf dem Land? Wo wir mit aufgeblendeten Scheinwerfern durch die Dunkelheit fahren, von der Helligkeit der einen Stadt zum Lichtschein der anderen? Und gerade an Weihnachten beleuchten wir alles so hell, dass wir einen einzelnen Stern gar nicht mehr sehen könnten.
Wenn wir uns heute aufmachen wollen, welchem Stern sollten wir denn folgen?

Wer einen Stern sehen will, der muss sich aufmachen. Mitten in der Nacht, wenn es draußen dunkel und kalt ist, hinaus aus der Helligkeit, dem Glitzern und Blinken unseres Lebens. Der muss dem Strahlen der künstlichen Helligkeit, das die Menschen erzeugen den Rücken kehren, und ganz genau hinsehen. Die Blickrichtung ist anders und die Augen müssen sich erst daran gewöhnen. Aber dann erstrahlen die Sterne am Himmel.

Advent, die Zeit vor Weihnachten, ist die Zeit für so einen Schritt nach draußen, ein sich Wegdrehen vom Glitzern der Vorweihnachts – Konsum – Zeit.

Manchmal blendet zu viel Licht die Augen, und die Helligkeit um uns herum macht uns blinder, als alle Dunkelheit es könnte.

Guter Schöpfer Gott,
schalte immer wieder das blinkende,
glitzernde Licht um uns herum aus,
damit wir das Strahlen
deines Sternes sehen können.
Amen

6
Die Drei Weisen und der König

**Als Jesus in Bethlehem in Judäa geboren war, zur
Zeit des Königs Herodes, siehe, da kamen Weise
aus dem Morgenland nach Jerusalem und fragten:
Wo ist der neugeborene König der Juden?
Matthäus 2, 1f**

Sie waren in diplomatischer Mission unterwegs gewesen. Das dachten sie jedenfalls, die drei Könige, die drei Weißen aus dem Morgenland. Ein mächtiger König sollte geboren werden, eine ganz besondere Gestalt, so besonders mächtig und wichtig, dass er einen eigenen Stern am Himmel erhalten hatte. Diesen Stern hatten sie gesehen, diesem Stern waren sie gefolgt, und so suchten nun nach dem jungen Prinzen, dem zukünftigen König.

Sie staunten sicher nicht schlecht, als ihnen im Königspalast gesagt wurde, dass es keinen neugeborenen König gebe. Und dass auch keiner in Aussicht sei. Und sie staunten wahrscheinlich noch mehr, als sie dann, vom Stern geführt, das Kind in der Krippe fanden. So ganz und gar nicht königlich, so überhaupt nicht mächtig.

Da hätten sie weiterziehen können, weitersuchen, sie hätten zweifeln können, an ihrem Stern. Aber in diesem Moment im Stall in Bethlehem zeigte sich, dass sie tatsächlich weise waren. Denn diese drei Männer, die ihr Leben damit verbracht hatten, den Himmel zu beobachten, erkannten in dem Kind in der Krippe denjenigen, der vom Himmel auf die Erde gekommen war. Sie erkannten, dass die Umgebung nicht wichtig war, dass der Stall, die Armut, die Kälte der Nacht nichts aussagten über die Macht dessen, der da vor ihnen lag und schlief.

Weniger weiße Männer hätten sich wahrscheinlich auf die Suche gemacht nach Beweisen und Zeichen der Macht des angekündigten Königs. Die drei Weißen aber brauchten das nicht. Sie sahen, dass hier nicht ein normaler König lag, sondern ein ganz besonderer. Und so knieten sie nieder, auf das Stroh und in den Schmutz des Stalles und huldigten dem Neugeborenen.

Allmächtiger Gott,
lass auch uns Deine Herrlichkeit und Größe immer
wieder in den einfachen Dingen des Lebens erken-
nen und sehen.
Amen

7
Herodes

**Als das König Herodes hörte,
erschrak er und mit ihm ganz Jerusalem,
und er ließ alle Hohenpriester und Schriftgelehrten
des Volkes zusammenkommen und fragte sie aus,
wo der Christus geboren werden sollte.
Matthäus 2,3f**

Kommt denn nicht einmal die Weihnachtsgeschichte
ohne einen Schurken aus? Selbst in der Geschichte
von der Geburt des Erlösers, der Erzählung von der
Menschwerdung Gottes in der Welt und für die Menschen, brauchen wir anscheinend einen Bösewicht.
Und was für einen: Er befiehlt zur Sicherung seiner
eigenen Macht und offensichtlich eiskalt das Massa-
ker an den Kindern von Bethlehem. Und nicht nur
das, er findet auch jede Menge willige Helfer, in den
oberen Schichten der Verwaltung genauso wie bei
Soldaten, die es tun. Keiner widerspricht.

Da sind wir also mitten in der Weihnachtsgeschichte
konfrontiert mit der dunklen Seite des Menschseins,
mit der „dunklen Seite der Macht". Und es stellt sich
die beängstigende Frage: Wo ist denn diese dunkle
Seite in mir? Ist es wirklich so leicht, ins Dunkel abzu-
gleiten? Und es stellt sich die Frage: Hätte denn keiner dieses Verbrechen verhindern können? Die Engel
waren doch schon da! Lasst sie eingreifen! Gottes
schnelle Eingreiftruppe, wo ist sie!?

Und dann schickt Gott ein kleines Kind! Die Menge der himmlischen Heerscharen ist da, aber sie tragen Harfen statt Waffen und singen vom Frieden auf Erden, anstatt von Rache und Vergeltung zu schreien. Gott schlägt uns Menschen nicht mit unseren eigenen Waffen, sondern zeigt sich uns ganz bewusst als Gott der Liebe und der Vergebung. Das ist es, was Weihnachten bringt: Gottes Licht in der Welt, auch wenn in den Menschen Dunkelheit herrscht. Das Licht von Weihnachten ist der Funken Menschlichkeit, der den Menschen so oft fehlt.

Allmächtiger, gütiger Gott,
der du Frieden willst für alle Menschen,
lass Dein Licht in uns scheinen,
ein Licht, das heller und verlässlicher ist als alle
Weihnachtsdekoration der Welt.
Amen.

Ein Gebet für den 2. Sonntag im Advent

Für uns Erwachsene ist diese Zeit des Advents, der Ankunft und des Erwartens, oft geprägt von noch mehr Arbeit, noch mehr Hektik, noch mehr Aufgaben als sonst. Es sind sogar eher mehr abendliche Treffen als im restlichen Jahr und so ist es oft mehr Stress als Erwartung. Und die Erwartung ist oft nur die Erwartung der Welt, des Chefs oder der Chefin und von einem selbst, dass alles gut gehen soll, dass wir an alle Geschenke denken, und die tägliche Arbeit mit einem Lächeln und einem „Frohe Festtage" auf den Lippen bewältigen.

Und wir beobachten die Kinder, die noch wirklich voller Vor-Freude und Erwartung sind, die mit leuchtenden Augen und klopfenden Herzen warten, dass die Tage im Adventskalender vergehen. Und wir sind halb belustigt, und halb bedauern wir es, dass wir diese Kindlichkeit verloren haben, irgendwann auf dem Weg zum Erwachsen-Werden.

Daher bete ich:

Schenkender Gott

In dieser Zeit des Wartens, der Erwartung, der Vorfreude, der Vorausahnung dessen was da kommt an Weihnachten:

mache mich ungeduldig wie ein Kind!

nimm mir die Abgeklärtheit und Ruhe des Erwachsenen und lasse mein Herz wild schlagen in der Freude auf das, was kommt!

Lasse auch in meinen Augen das Licht der Freude leuchten!

Und lass mich mit Inbrunst aus voller Seele und voller Brust einstimmen in die Weihnachtschöre der Engel!

In dieser Zeit des Wartens,

lass mich im Warten aktiv sein, und beginnen, die Welt auf Weihnachten vorzubereiten: nicht mir noch mehr Lichterketten, sondern dem Leuchten eines Lächelns

lass mich die Vorfreude jetzt schon leben, darauf, dass das Leben anders durch Deine Ankunft anders sein kann, anders sein soll

lass mich der Welt ein Licht der Ahnung geben, was noch kommen kann.

Nimm mir die Haltung des vorsichtigen Abwartens, und gib mir brennendes Warten, froh sein in Hoffnung, ungeduldig sein in Liebe und mache mich voller Freude, Frieden zu schenken, anstatt Geschenke zu kaufen.

Und mache sie kurz, diese Zeit des Wartens! Komm in unsere Welt!

Amen

8
Der Herbergswirt

**Und sie gebar ihren ersten Sohn und wickelte
ihn in Windeln und legte ihn in eine Krippe,
denn sie hatten sonst keinen Raum in der Herberge.
Lukas 2, 7**

Er war den ganzen Tag auf den Beinen gewesen, war
herumgerannt, hatte alles erledigt, was zu erledigen
gewesen war: morgens vor Sonnenaufgang auf dem
Markt, damit er frische Waren im Haus hätte. Dann
zurück ins Hotel, das Frühstück vorbereiten, denn
einige Gäste wollten früh weiterreisen. Den ganzen
Tag kamen neue Gäste an. Das Mittagessen wollte
vorbereitet sein und den ganzen Tag gab es Anfragen,
Beschwerden, Kommentare. Und immer musste er,
der Chef, alles selber machen, alles selber entschei-
den. Wozu hatte er denn Personal? Konnten die nicht
selbst mal was erledigen, ohne dass er gleich ange-
rannt kommen musste?

Und jetzt endlich etwas Ruhe. Das Abendessen war
serviert, die Küche aufgeräumt und alle Zimmer be-
setzt. Es wurde ruhig im Hotel. Jetzt mit einem Glas
Wein, dem guten, nicht dem für die Gäste, hinsetzen
und die Füße hochlegen. Morgen früh würde ein wei-
terer, hektischer Tag des Herumrennens, des Laufens,
des auf dem Weg seins beginnen.

Nein, er wollte nicht aufstehen, als es jetzt an der
Türe klopfte. Alles belegt, was könnte er denn mehr

sagen? Warum denn noch mal aufstehen, noch mal an die Türe gehen. Vollkommen sinnlos.
Aber das Klopfen bleibt...

Warum sich denn bewegen, es war sowieso kein Zimmer mehr frei. Wenn er einfach hier sitzen bleiben würde, dann würde der Klopfer vielleicht weiterziehen.

Noch mal ein Klopfen...

Die anderen Gäste würden bald wach werden! Aber er war einfach nur müde, erschöpft, ausgebrannt. Nein, er würde jetzt nicht aufstehen, für nichts in der Welt.

Es klopft...

Stärkender Gott,
gib uns die Kraft,
aufzustehen und die Türe zu öffnen,
wenn es klopft.
Amen

9
Die Hirten

Und es waren Hirten in derselben Gegend auf dem Felde bei den Hürden, die hüteten des Nachts ihre Herde. Und der Engel des Herrn trat zu ihnen, und die Klarheit des Herrn leuchtete um sie; und sie fürchteten sich sehr. Und der Engel sprach zu ihnen: Fürchtet euch nicht! Siehe, ich verkündige euch große Freude, die allem Volk widerfahren wird; denn euch ist heute der Heiland geboren, welcher ist Christus, der Herr, in der Stadt Davids. Und das habt zum Zeichen: Ihr werdet finden das Kind in Windeln gewickelt und in einer Krippe liegen.
Lukas 2, 8 -12

Die Hirten sind tolle Kerle! Ich mag sie! „Wir wollen sehen, ob das stimmt, was uns die Engel da gerade gesagt haben," sagen sie. „Mit eigenen Augen!" Man stelle sich das mal vor: Da war gerade eben noch die Menge der himmlischen Heerscharen, all die vielen, die im Himmel Gott dienen; die priesen Gott und lobten Gott und sangen vom Frieden auf Erden. Alles, was der Himmel an Herrlichkeit und Schönheit und Macht aufzubieten hat, war da gewesen auf dem Feld bei den Schafen. Und die Hirten gehen, damit sie ein kleines Baby sehen können, ein Neugeborenes, klein und schutzlos, rosa und frierend draußen in der kalten Welt.

Sie gehen - und sie finden Maria und Josef und dazu das Kind in der Krippe liegend. Und dort, in der Realität des Stalles, geschieht das, was all die Majestät der Engel im Himmel nicht geschafft hatte: Die Hirten knien nieder und stimmen ein in den Lobpreis Gottes. Die Engel, sie waren beeindruckend gewesen, aber eben nicht mehr, als weltliche Macht- und Prachtentfaltung es auch ist. Größer und beeindruckender vielleicht, aber nicht wirklich anders. Wirklich anders ist das Kind im Stall. Das frierende, hungrige Menschenkind im Stall, mit seinen frierenden hungrigen Eltern, das ist etwas, mit dem die Hirten etwas anfangen können. Dass dieses Kind der versprochene Heiland ist, das hat etwas mit ihnen selbst zu tun! Dieses Kind bedeutet, dass der versprochene Heiland auch ihr Heiland ist, und nicht nur der Heiland derer, die Macht entfalten können und an dieser Macht Anteil haben. Deshalb mussten sie gehen und es mit eigenen Augen sehen, dieses Kind, ihren Heiland. Die Engel waren beeindruckend gewesen. Lebensverändernd aber, und real, das ist nur das Kind in der Krippe, wahrer Mensch und wahrer Gott.

Wunderbarer, glänzender, überwältigender Gott!
Wir danken Dir, dass Du Deine Herrlichkeit
und Größe im Himmel gelassen hast
und als Mensch zu uns kommst,
damit wir Dich sehen und verstehen können.
Amen

10
Einer der Hirten erzählt:

Und sie kamen eilend und fanden beide, Maria und Josef, dazu das Kind in der Krippe liegen. Als sie es aber gesehen hatten, breiteten sie das Wort aus, das zu ihnen von diesem Kinde gesagt war. Und alle, vor die es kam, wunderten sich über das, was ihnen die Hirten gesagt hatten.
Lukas 2, 16 – 18

„Heute ist euch der Heiland geboren" hatte der Engel gesagt, „in der Stadt Davids, Christus, der Herr". Und wir machten wir uns auf und fanden das Kind tatsächlich, wie der Engel es gesagt hatte. Was für eine Enttäuschung! Ein Neugeborenes. Und es sah aus wie alle Neugeborenen eben aussehen. Nicht anders, als meine Nichte aussah, als sie geboren wurde. Keine Ahnung, wie Mütter die Kinder unterscheiden. Aber auf jeden Fall sah er gar nicht besonders aus, der neugeborene Heiland. Irgendwie gar nicht wichtig oder mächtig. Ich fand es jedenfalls enttäuschen, in dem Moment.

Dann kamen die Anderen, die wirklich Wichtigen und Reichen. Man sah es ihnen gleich an: Tolle Kleider, Diener, Pferde… Sie rollten sogar einen Teppich auf, damit sie sich nicht die Roben dreckig machten beim niederknien! Und da standen wir dann am Rand, während die VIPs Geschenke auspackten. Ich habe währenddessen das Kind beobachtet. Und wisst ihr was? Das Kind hat sich überhaupt nicht um den ganzen Pomp und Prunk gekümmert. Es hat einfach weiter in die Welt geschaut, und die Reichen nicht weiter beachtet.

Da habe ich es verstanden: Er würde tatsächlich der Retter sein. Denn er war einer von uns. Ein ganz normaler Mensch. Keiner, der sich mehr um die Sauberkeit seiner Robe kümmern würde, als um die Arbeit. Als ich mir die Hände seiner Eltern anschaute, die Handwerkerhände seines Vater und die vom Wäschewaschen rauen Hände seiner Mutter, da wusste ich: der Kleine würde lernen zuzupacken, würde wissen, was richtige Arbeit ist. Er würde mal nicht auf uns herunterblicken. Der Retter, der Christus, er war einer von uns. Und da fühlte ich mich gleich einfach gut.

Und vielleicht war es ja auch deswegen, dass ich mich dann, später, getraut habe, mich neben den Fremden zu setzten, um mit ihm zu reden. Ich habe ihm vom Schafe hüten erzählt und wie wichtig es ist, zur rechen Zeit da zu sein, wenn ein Lämmchen geboren wird. Und er hat zugehört und wir haben zusammen gegessen und getrunken und gelacht, bis spät in die Nacht hinein.

Schöpfer Gott,
komm
und verändere unsere Welt.
Amen

11
Die Engel leuchten in der Nacht

In jener Gegend lagerten Hirten auf dem freien Feld und hielten Nachwache bei ihrer Herde.
Da trat der Engel des Herrn zu ihnen, und der Glanz des Herrn umstrahlte sie.
Lukas 2, 8f

Wahrscheinlich gab es schon in der Nacht der Geburt viel Licht: Eine Lampe, die im Stall brannte; Die Weisen, die von Trägern mit Lampions begleitet wurden; die Hirten, die ihre Fackeln selber trugen.
Und auch die Engel glänzten in ihrem schönsten himmlischen Schein.

Und erst heute: In unseren Städten sind wir überflutet von Licht: Straßenlaternen, Schaufensterbeleuchtungen, Neonröhren, Glühbirnen, Energiesparlampen. Und je näher wir an Weihnachten kommen, desto heller und bunter wird die Mischung all dieser Lichter: Sternenmeere und blinkende Ketten, flackernde Kerzen und grelle Lichterbäume.

Vor lauter künstlichem Licht können wir das natürliche Licht der Sterne kaum noch sehen.

Und doch ist es da. Jede Nacht überspannt uns das Himmelszelt mit unendlich vielen kleinen Lichtern, die uns leuchten. Unendlich mal das sanfte Strahlen der Schöpfung.

Dieses Strahlen ist wie Gottes Liebe. Ewig umfängt sie uns, sanft und zart wie das Licht des Sternenhimmels. Unaufdringlich und atemberaubend schön.

Doch wir wollen viel lieber nur das helle, bunte, schnell beindruckende Licht von schnellen Gefühlen in blendender Heftigkeit. Empfindungen, die sich immer wieder an unsere schwankende Stimmung anpassen, sich ein und ausschalten lassen, herauf- und herunterdimmen.

Vielleicht ist Advent ja die Zeit, wo wir unsere künstlichen Lichter einfach einmal auslassen, und nach dem echten Licht der Sterne schauen.

Schöpfer Gott,
lass und das Licht deiner Liebe sehen.
Amen

12
Josef

Der Engel des Herrn erschien Josef im Traum und sagte: Steh auf, nimm das Kind und seine Mutter, flieh nach Ägypten und bleibe dort, bis ich dir's sage. Matthäus 2, 13

Ein mutiger Mensch, dieser Josef. Denn eigentlich hätte er seine junge Verlobte davonjagen können, und alle hätten ihm recht gegeben. Sie war schwanger, und sie war es nicht von ihm. Das war Beweis genug, mehr brauchte es nicht. Aber er steht zu seiner jungen Braut und zu dem Kind, das da kommen soll. Er tut nicht das, was man von ihm erwartet. Josef stellt sich ganz offen gegen die Tradition und dagegen, „was die Nachbarn wohl sagen werden".

Und dann träumt er von einem Engel und aufgrund dieses Traumes entscheidet er, nicht nach Hause, nach Nazareth zurückzukehren von seiner Reise nach Bethlehem. Stattdessen wandert er mit seiner jungen Familie aus nach Ägypten. Selbst in einer so mobilen und schnellen Zeit wie der unseren ist das ungewöhnlich: Mit dem Wenigen was man für ein paar Tage dabeihat und mit einem Neugeborenen im Arm aufzubrechen ins Ungewisse.

Er ist ein ungewöhnlicher Mensch, dieser Josef. Er zeigt uns, dass die Weihnachtsgeschichte mehr ist als nur romantische Erzählung von einer Geburt, mehr ist als Hirten und Schafe und Engel: Sie ist Herausforderung an unser Leben.

Josef ist derjenige in der Weihnachtsgeschichte, der uns die entscheidenden Fragen stellt: Wie weit würdest du gehen? Wie groß ist dein Vertrauen?

Würdest du so radikal sein?

Würde ich?

Rufender Gott, Du sprichst uns immer wieder aufs Neue an, rufst uns immer wieder neu ins Leben und zu dir. Gib uns die Kraft und den Mut, diesen Ruf zu hören und Dir zu folgen. Amen

13
Josef erzählt

Da machte sich auf auch Josef aus Galiläa, aus der Stadt Nazareth, in das jüdische Land zur Stadt Davids, die da heißt Bethlehem.
Lukas 2,4

Eigentlich war ich ganz froh gewesen, damals, kurz vor seiner Geburt, als die Anordnung von den Römern kam. Maria und ich mussten uns aufmachen nach Bethlehem. Sicher, es war keine angenehme Reise für eine hochschwangere Frau. Aber für mich war es die Gelegenheit, wegzukommen, weg von Nazareth, wo sie alle hinter meinem Rücken tuschelten und flüsterten, es aber keiner wagte, mir offen ins Gesicht zu sagen, was sie alle dachten. Alles war besser als das, und in Bethlehem kannte niemand die Geschichte.

Ja, es war eine Flucht gewesen, raus aus Nazareth, wo uns alle kannten, wo keiner verstand, was wirklich passierte. Ganz ehrlich, ich wusste auch nicht, was geschah, damals, kurz vor seiner Geburt. Ein paar Mal war ich nahe dran, alleine weiterzuziehen, nur weg von Skandal und Gerede.

Als dann aber das Kind in den Armen meiner Frau lag, und ich auf ihrem Gesicht dieses Lächeln sah, nach all den Schmerzen, da wusste ich, dass ich nicht mehr weglaufen würde. Sollten die Leute doch reden! Hier war meine Frau, hier war Jesus, mein Sohn, der immer mein Sohn sein würde, ganz egal, was die Leute später gutes oder schlechtes über ihn sagen würden. Damals, in der Krippe, da spürte ich einfach, dass ich angekommen war. Und ich wusste, dass ich zurück-gehen konnte nach Nazareth und dass ich stolz sein konnte auf meine Frau und auf das Kind. Und dass ich Gott dankbar war, dass er mich hierher gebracht hat.

Liebender Gott, rufe uns heraus aus unseren Leben, wo wir nur auf andere hören und schauen und lass uns erkenne, dass Du unser Ziel bist. Lass uns erken-nen, dass wir nicht davonlaufen brauchen, sondern nur ankommen bei Dir.
Amen

14
Maria

**Maria aber sagte: Siehe, ich bin des Herrn Magd;
mir geschehe, wie du gesagt hast.
Lukas 1, 38**

Wer ist denn das, diese Maria? „Mir geschehe, wie du
gesagt hast", sagt sie zum Engel, und man kann bei-
nahe sehen, wie sie den Kopf gehorsam neigt und die
Augen zu Boden schlägt. Das Bild der gehorsamen
Magd. Sie zieht hinter ihrem Mann Josef her, klagt
nie, leidet still.

Aber dann tritt uns auch immer wieder eine andere
Maria entgegen: die alleinerziehende Mutter, die sich
mit ihren anderen Kindern auf den Weg macht, um
ihren Erstgeborenen heimzuholen; die verzweifelte
Frau, die es als eine der ganz wenigen wagt, im Ange-
sicht der römischen Armee bei ihrem Sohn zu bleiben, als sie ihn hinrichten; die Leiterin der Urgemein-
de, die dabei ist, als der Geist auf die Jünger kommt.
Maria, eine starke, unabhängige, eigenwillige Frau.

Aber wie geht das zusammen, die gehorsame Magd
und die ungehorsame Frau, die den römischen Soldaten trotzt? Ändert sie sich so sehr, von Weihnachten
über Karfreitag und Ostern bis Pfingsten?

Maria ändert sich nicht, sie bleibt sich treu. Denn
Gottes Ruf zu folgen heißt nicht, einfach sich selber
aufgeben und ohne eigenen Willen weitergehen. An

der Geschichte der Maria können wir sehen, dass Gott nicht einfach befiehlt und den Willen der Menschen bricht, sondern von uns will, dass wir aus eigenem Entschluss mit Gott gehen.

Maria ist eine starke Frau, die sich von Gott auf einen Weg rufen lässt, der nicht immer einfach ist. Ein Weg, den sie bewusst geht, nicht in demütiger Gottergebenheit, sondern immer im Vertrauen darauf, dass es Gottes Weg ist und dass Gott mitgeht. Und darin kann sie dann ein Vorbild für uns sein, gerade an Weihnachten.

Gott, gib uns die Kraft, dass wir den Weg unseres Lebens mit Dir gehen können und lass uns immer wieder spüren, dass Du mit uns gehst.
Amen

Ein Gebet für den 3. Sonntag im Advent

Kreativer Gott

Gerade an Weihnachten hören wir immer wieder, wie du zu den Menschen sprichst auf ganz viele verschiedenen Arten und Weisen. Du sprichst zu den Menschen, den Frauen und Männer, so, wie wir es verstehen können: Individuell, kreativ, unterschiedlich.

Maria, der jungen, verunsicherten Frau hast du einen Engel gesandt,
der mit ihr sprach, ihr Großes verkündigte, und der sie singen ließ.

Josef durfte träumen,
einen Traum, der ihm die Kraft gab, das Abenteuer der Begegnung
mit Dir zu leben.

Die Weisen sahen einen Stern leuchten,
dessen Bedeutung sie mit ihren Gedanken verstehen konnten
und dem sie folgten.

Die Hirten draußen auf dem Feld, wurden erfüllt mit der Musik der Engel,
eine Musik, die ihnen die Angst nahm,
und vom Frieden für alle Menschen sang.

Mein Gott,

Schicke auch mir einen Engel, damit ich glauben und singen kann.

Lass auch mich träumen, damit ich Kraft bekomme.

Zeige auch mir einen Stern, damit ich verstehen kann.

Erfülle auch mich mit der Musik der Engel, die mir die Angst nimmt

und mich auf den Frieden auf Erden hoffen lässt.

Amen

15
Maria singt von der Zukunft

Er stößt die Gewaltigen vom Thron
und erhebt die Niedrigen.
Die Hungrigen füllt er mit Gütern
und lässt die Reichen leer ausgehen.
Aus dem Magnifikat in Lukas 1, 46 – 55

Maria war eine tolle Frau. Eine Frau, die Vorbild sein kann, für mich selber und für die Kirche. Ich mag sie und ich hätte sie gerne kennen gelernt.

Das sind seltsame, römisch-katholisch klingende Worte aus der Feder eines bekennenden Protestanten, nicht wahr?

Aber ich meine auch nicht das überzogene Bild der reinen, blutleeren, kitschigen Figur der Souvenirverkäufer, zu der Maria gemacht wurde.
Ich meine die Frau, die uns im Evangelium begegnet:

Maria die Mutige: Die sich vor ihren Verlobten hinstellt, und ihm sagt, dass sie schwanger ist und zwar nicht von ihm.

Maria, die Starke: Die hochschwanger quer durch das Land reist, und dann ganz alleine ihr erstes Kind auf die Welt bringt, in einem Stall, bei Ochs und Esel, ohne Hebamme und Hospital.

Maria, die Frau: Die die Ärmel hochkrempelt, die hart arbeitet für ihren Mann und ihre Familie, die den Haushalt führt, die Kocht und bäckt, putzt und wäscht; der abends der Rücken wehtun, und deren Hände rau und rissig, deren Haare grau wurden.

Maria, die Mutter: Die versucht, ihrer Familie ein Heim zu schaffen, die mit ihrem Sohn mitgeht, ihn ausbilden lässt, ihn zurückholen will, die sich sorgt und ihn liebt und die bei ihm bleibt, auch wenn es schwer wird.

Maria, die Verzweifelte: die unter dem Kreuz steht und mit ansehen muss, wie ihr Sohn stirbt.

Und vor allem: **Maria, die Sängerin der Revolution**! Sie erkennt, was geschehen ist, damals im Stall: Die Dinge werden sich ändern, die alten Systeme nicht bestehen bleiben, es gibt Hoffnung für die Armen und Gerechtigkeit, Erbarmen für die Welt. Die Dinge würden nicht so bleiben, weil sie schon immer so waren, sondern es geschieht Neues, nach jener Nacht im Stall.

Darum mag ich Maria.

Guter Gott, sprich uns an, und mache uns zu dem, was wir sein können.
Amen

16
Elisabeth

Maria aber machte sich auf in diesen Tagen und ging eilends in das Gebirge zu einer Stadt in Juda und kam in das Haus des Zacharias und begrüßte Elisabeth.
Lukas 1, 39

„Ich gehe zu Elisabeth, meiner Cousine. Die ist auch schwanger, sie wird verstehen, was mit mir passiert!" So oder ähnlich wird die junge Maria gedacht haben, als sie sich aufmachte zu Elisabeth, der Frau, die in hohem Alter noch ganz unerwartet eine Kind auf die Welt bringen sollte.

Es sind oft die großen Gestalten der Weihnachtsgeschichte, auf die im Rampenlicht stehen. Da ist Maria, die gerade vom Engel verkündigt wurde, dass sie den Sohn des Allerhöchsten in ihrem Leib tragen soll. Eine junge Frau, unschuldig, die plötzlich mit etwas konfrontiert wird, das viel größer ist als alles, was sie bisher erfahren hat, und die diese Aufgabe willig annimmt.

Und da ist noch die andere Frau in der Weihnachtsgeschichte: Elisabeth. Auch an ihr geschieht großes. Auch sie hat allen Grund, verwirrt und verängstigt zu sein. Ein Kind, im hohen Alter! Aber als Maria kommt, da öffnet Elisabeth ihre Arme und empfängt jüngere Frau, nimmt sie auf in ihr Haus. und zeigt Maria, dass sie Weg nicht ganz alleine gehen muss.

So wird Elisabeth die erste, die den noch ungeboren Jesus bei sich willkommen heißt. Und sie tut das, indem sie seiner Mutter hilft.

Ich glaube das ist heute von großer Bedeutung. Oft warten wir, dass wir etwas ganz besonderes tun können für Jesus, und übersehen dabei, dass Jesus willkommen heißen ganz praktisch sein kann: Jemanden aufnehmen, der oder die auf ihrem Weg gerade ein Rast einlegen möchte; sich um jemanden kümmern, der oder die Zuwendung braucht.

Advent heißt Ankunft. Aber damit jemand ankommen kann, müssen wir zuerst unsere Türen öffnen, müssen wir diese Ankunft auch zulassen.

Gastfreundlicher Gott,
lass mich andere, mit allem was ist tragen,
so willkommen heißen,
wie es Elisabeth für Maria getan hat.
Mache in mir die Türen für alles,
was du mir schickst.
Amen

17
Ochs und Esel

Und sie gebar ihren ersten Sohn, wickelte ihn in Windeln und legte ihn in eine Krippe, denn sie hatten sonst keinen Platz in der Herberge.
Lukas 1, 7

Wir kennen es alle, jenes Bild aus unzähligen Krippendarstellungen: Maria und Josef, Hirten mit Schafen, die Könige und natürlich Ochse und Esel, die mit großen Augen in ihre Krippe schauen, in der das Jesuskind in Windeln gewickelt schläft. Es ist ein Bild, das vielen von uns schon von Kindheit her bekannt und vertraut ist. Wer aber einmal die Weihnachtsgeschichte liest, der wird feststellen, dass zwar die Schafe der Hirten erwähnt werden, aber von Ochs und Esel weit und breit keine Spur ist. Ochs und Esel sind Dekoration in den geschnitzten Krippen unserer Kindheit.

Aber auch wenn der Ochse und der Esel nicht im Evangelium erwähnt werden, waren sie doch sicher im Stall, genauso wie Hund und Katze, wie Mäuse und Ratten, Läuse und Flöhe. Denn Jesus wurde nicht in einer romantischen Krippendarstellung geboren, sondern in einem wirklichen Stall, in der wirklichen Welt. Und da gibt es all das, und noch viel mehr. Jesus kam in der wirklichen Welt zur Welt. Denn sein Kommen gilt der ganzen Welt, der ganzen Schöpfung. Jesu Kommen gilt nicht nur einem ausgesuchten kleinen Kreis von Auserwählten, sondern ist Angebot für die ganze Welt und die ganze Schöpfung.

Daher haben Ochs und Esel sehr wohl ihren Platz an der Krippe im Stall. Denn es war ihr Stall und ihre Krippe, und Jesus wurde auch für sie geboren.

Rufender, kommender Gott,
lass uns sehen, dass auch wir Teil der
Weihnachtsgeschichte sind,
dass auch wir unseren Platz haben an der Krippe,
in die Jesus gelegt wurde.
Lass uns verstehen, dass das Kommen
Deines Sohnes auch uns gilt.
Amen.

18
Das Stroh in der Krippe

Und der Engel sprach zu ihnen: Fürchtet euch nicht! Siehe, ich verkündige euch große Freude, die allem Volk widerfahren wird; denn euch ist heute der Heiland geboren, welcher ist Christus, der Herr, in der Stadt Davids. Und das habt zum Zeichen: Ihr werdet finden das Kind in Windeln gewickelt und in einer Krippe liegen.
Lukas 2, 10 – 12

Eigentlich ist es ja das Futter für die Tiere, auf dem das Kind da in der Krippe liegt. Eingewickelt in Windeln und eine Decke schläft er, der neugeborene Sohn Gottes. Kein bequemes Bett, das er da hat. Sicher, frisches Heu duftet wunderbar, wenn man nicht gerade unter Heuschnupfen leidet. Und ein Bett auf Stroh ist allemal besser, als auf dem nackten Boden zu liegen. Aber dennoch: ein schönes weiches kuscheliges Federbett wäre doch viel schöner gewesen. Und wärmer!

Stroh gibt ein weiches Bett, das gute Ruhe gibt, wo Schlaf dringend nötig ist.

Aber auf Stroh kann man sich nicht einfach zurücklehnen, nichts mehr tun, und den „Lieben Gott" einen guten Mann sein lassen. Stroh ist etwas, was einen sticht, was kratzig ist und unbequem sein kann, das einen vom Schlafen abhält.

Stroh schafft Wärme, da wo es bitter kalt ist.

Aber Stroh ist nicht etwas, in das man sich einwickeln kann, das man sich über den Kopf zieht, um von der Welt nichts mehr mitzubekommen, nichts mehr zu sehen und zu hören. Wer das versucht, dem werden die einzelnen Halme vom Kopf fallen, und ihn in der Nase kitzeln.

Vielleicht ist Advent ja die Zeit, wo wir unsere bequemen Federbetten, die wir uns so kuschelig über die Ohren ziehen können, gegen das Stroh der Krippe eintauschen sollten.

Gott,
gib uns Wärme für erholsamen Schlaf,
und weck uns dann auf,
damit wir unser Leben mit Dir und in Dir führen.
Amen

19
Die Weisen erzählen

Als Jesus geboren war in Bethlehem in Judäa zur Zeit des Königs Herodes, siehe, da kamen Weise aus dem Morgenland nach Jerusalem und sprachen: Wo ist der neugeborene König der Juden? Wir haben seinen Stern gesehen im Morgenland und sind gekommen, ihn anzubeten
Matthäus 2, 1f

Zuerst war es ja einfach gewesen. Wir hatten ja gewusst, dass dieses Kind etwas Besonderes war. Wir hatten ihn gefunden, den neugeborenen König, diesen Menschen, der die Welt so sehr verändern würde, wie sein Stern schon die Ordnung am Firmament veränderte und durcheinanderbrachte.

Sicher, wir hatten nicht damit gerechnet, dass wir ihn in einem Stall finden würden, aber das war dann schon in Ordnung. Wir ließen halt Teppiche ausbreiten, bevor wir uns niederknieten, um ihm zu huldigen und unsere Geschenke zu bringen. Um ehrlich zu sein, es die ganze Sache erinnerte mich doch sehr an meine Kindheit, die Ferien bei meinen Großeltern auf dem Land. Denn in dem Stall waren auch einige Hirten, ganz einfache Leute, ohne Bildung, wie die Knechte und Mägde damals auf dem Hof von Oma und Opa. Wir Kinder haben uns abends immer heimlich rausgeschlichen, um mit ihnen hinter der alten Scheune am Lagerfeuer zu sitzen. Oma hat uns dann immer geschimpft, die seien kein Umgang für uns.

Die Hirten waren jedenfalls auch da, um dem neugeborenen König zu huldigen. „Eigentlich schön, dass auch diese einfachen Menschen spüren, dass hier etwas Besonderes geschieht", dachte ich damals. Doch dann hatten wir ein Problem. Denn als wir fertig waren mit den Huldigungen und den Geschenken, konnten wir ja nicht einfach aufstehen und gehen. Das wäre sehr unhöflich gewesen, den Eltern gegenüber. Und so saßen wir auf einmal mit den Hirten und Hirtinnen zusammen. Zuerst war es seltsam. Was sollten wir denn reden. Aber dann geschah etwas Wunderbares: Zuerst redeten wir über das Kind, dann fragten sie neugierig was wir denn beruflich machen würden und sie erzählten von sich und ihrem Leben. Ich habe mir erzählen lassen, wie schwierig es ist, den Überblick über die Schafe zu behalten, und wie wichtig es ist, im richtigen Moment dabei zu sein, wenn ein Lämmchen auf die Welt kommt. Es ist gar nicht so einfach, wie ich immer dache, ein Hirte zu sein! Es war eines der schönsten Gespräche, die ich seit langem hatte.

Vielleicht sollten wir Weisen mehr mit den Menschen reden, als über sie. Und vielleicht sollte ich mal wieder raus fahren, auf den Bauernhof. Ob die alte Scheune wohl noch steht …?

Gott,
der du die Grenzen öffnest und Gräben überbrückst:
öffne auch die Grenzen in unseren Herzen.
Amen

20
Die Engel und wir

**Und der Engel sprach zu ihnen: Fürchtet euch nicht!
Siehe, ich verkündige euch große Freude, die allem
Volk widerfahren wird; denn euch ist heute der Hei-
land geboren, welcher ist Christus, der Herr, in der
Stadt Davids. Und das habt zum Zeichen: Ihr werdet
finden das Kind in Windeln gewickelt und in einer
Krippe liegen. Und alsbald war da bei dem Engel die
Menge der himmlischen Heerscharen, die lobten
Gott und sprachen: Ehre sei Gott in der Höhe und
Friede auf Erden bei den Menschen seines Wohlge-
fallens.
Lukas 1, 10 – 14**

Manchmal wünsche ich mir, dabei gewesen zu sein.
Bei den Hirten auf den Feldern. Und bei Maria zuhause, als der Erzengel kam und bei Josef und den Weisen, als sie träumten. Als ihnen die Engel begegnet
sind. Sie alle hatten ganz klare Begegnungen mit En-
geln.

Aber es gibt ja auch heute noch Engelsbegegnungen.
Denn Engel sind die Boten Gottes. Ich weiß nur nicht,
ob sie auch heute noch in langen, strahlend weisen
Gewändern mit großen Flügeln, Harfen und Heiligen-
scheinen unterwegs sind.

Aber anwesend sind sie doch, und wir können sie
sehen, wenn wir unsere Augen und Ohren und Herzen öffnen. Denn Gott schickt auch uns wieder und

wieder seine Boten. Es sind keine ätherischen, esoterischen Wesen, sondern Momente der Gottbegegnung. Es sind diese kleinen Augenblicke, wo das Licht Gottes in unsere graue, triste Alltagswelt hineinscheint: Das ganz unvermutete Lächeln eines Menschen in der U-Bahn. Ein ehrlich gemeintes „Danke!", für etwas ganz Selbstverständliches. Der Moment Pause von der Tageshektik, in dem ich Zeit habe, den Sonnenuntergang zu bewundern. Mein Lieblingslied im Radio, gerade zum rechten Moment, wie bestellt. Ein Satz des Trostes aus dem Mund eines kleinen Kindes, das spürt, dass ich traurig bin.

Ja, ich hätte sie gerne gesehen, diese himmlischen Heerscharen, den Erzengel. Aber ich freue mich, dass uns heute auch noch Engel begegnen, eben nicht mit Flügeln und Harfen, sondern ganz anders. Immer wieder neu, überraschend, kreativ, witzig, tröstend, liebend. Und immer wieder mit einer Botschaft von Gott: Du Menschenkind, du bist mir wichtig, schau, ich bin da!

Guter Gott,
schicke uns deine Engel!
Lass uns Momente der Begegnung mit dir haben,
immer wieder neu!
Überrasche uns, jeden Tag!
Amen

21
Myrrhe

Sie gingen in das Haus und fanden das Kindlein mit Maria, seiner Mutter, und fielen nieder und beteten es an und taten ihre Schätze auf und schenkten ihm Gold, Weihrauch und Myrrhe.
Matthäus 2, 11

Gold und Weihrauch, klar. Aber Myrrhe??

Ich kann mir vorstellen, dass sich Maria und Josef sehr über die Geschenke gefreut haben. Das Gold konnten sie gut gebrauchen, jetzt im Moment ganz dringend, und in Zukunft für die Ausbildung des Kleinen. Der Weihrauch war auch ein wunderbares Geschenk. Nur ein bisschen davon auf die Kohlen gestreut reinigte die Luft und machte den Gestank des Stalles erträglicher.

Aber Myrrhe! So etwas schenkte man doch nicht einem kleinen Kind und seinen Eltern. Myrrhe braucht man bei Beerdigungen, um den Körper eines Verstorbenen zu behandeln. Wirklich kein gutes Geschenk, gleich am Beginn des Lebens. Vielleicht sollte man dieses Geschenk, das bei der Geburt schon auf den Tod hinweist besser vergessen. Nicht erwähnen, dass dieses Geschenkt über Jahrhunderte als Andeutung von Jesu Tod gedeutet wurde. Wer weiß denn heute schon, was Myrrhe ist, wer will es denn wissen.

Und doch liegt gerade in der Myrrhe eine ganz besondere Bedeutung. Denn aus Myrrhe und Aloe wird

Salböl, nicht nur für die Beerdigung, sondern auch für die Salbung zum Priester und König. Mit dem Geschenk von Myrrhe schenken die Weisen dem Neugeborenen also einen Hinweis darauf, was er sein würde: Der Gesalbte Gottes, Christus, der Auferstandene.

Und doch bleibt, dass Myrrhe für Beerdigungen benutzt wird, dass dieses Geschenk einen bitteren Beigeschmack hat, bitter wie Myrrhe.

Auch wir werden manchmal so beschenkt, dass wir nicht verstehen, warum wir etwas bekommen, warum uns etwas geschieht. Und mehr noch, manchmal können wir es nur negativ verstehen und erschrecken. So, wie Maria erschreckt sein mag, als sie die Myrrhe für die Beerdigung sah. Und doch kann auch in diesen Geschenken noch etwas anderes liegen. Etwas, das über den Tod hinausreichen kann, hinein ins Leben.

Vielleicht ist Advent ja die Zeit, wo wir uns ansehen können, was wir erhalten, und uns zum Leben führen lassen.

Gebender Gott,
verschone uns nicht von den bitteren Dingen,
sondern zeige uns, wie sie uns zum Leben dienen.
Denn aus deinen liebenden Händen wollen wir auch
die bitteren Kelche nehmen.
Amen

Ein Gebet für den 4. Sonntag im Advent

In dieser Zeit des Advents sind wir so sehr umgeben von der Hektik und dem Lärm unserer Tage.

Ein Termin jagt den anderen. Und selbst die Weihnachtslieder sind manchmal nur laut in unseren Ohren und die Gebete nur Geräusche auf unseren Lippen.

Gott, der Du uns kennst:

Halte Du uns an, in diesen Tagen,
damit wir nicht eifrig hören und singen,
beten und nach Worten suchen
und so unsere Zeit füllen.

Sondern nimm Du den Lärm von uns,
den äußeren und den inneren.
Nimm Du uns die vielen Worte
die wir hören und sagen.

Und gebe uns

Schweigen - Stille sein in Dir
Momente der Ruhe - Gehalten von Deiner Liebe

Amen

22
Eigentlich erst nach Weihnachten:
Simeon erzählt

Und siehe, ein Mann war in Jerusalem, mit Namen Simeon; und dieser Mann war fromm und gottesfürchtig und wartete auf den Trost Israels, und der Heilige Geist war mit ihm.
Und ihm war ein Wort zuteil geworden von dem Heiligen Geist, er solle den Tod nicht sehen, er habe denn zuvor den Christus des Herrn gesehen.
Lukas 2, 27ff

Da bist du ja endlich. So lange habe ich darauf gewartet, dich zu sehen. Du also bist der versprochene Retter. Wer hätte gedacht, dass ich dich in meinen Armen wiegen könnte. Dass du ein kleines Baby sein würdest. Eigentlich hatte ich etwas ganz anderes erwartet.

Als ich jung war und Gottes Geist mir sagte, dass ich den versprochenen Retter mit eigenen Augen sehen würde, da war ich voll Tatendrang. Ich habe heimlich mit Pfeil und Bogen und mit dem Schwert geübt, nur um in der Armee des Retters dienen zu können. Ich war so ungeduldig!

Als ich dann erwachsen wurde, versuchte ich so viel zu lernen, wie ich konnte, um dem Versprochenen als Ratgeber zu dienen. Ich wollte viel wissen und weise werden. Ich las und lernte und arbeitete. Ich war so beschäftigt!

Dann wurde ich älter, und weil Du nicht kamst, begann ich, dich zu suchen. Zuerst studierte ich die Heilige Schrift, damit ich dich erkennen könnte, wenn ich dich sehen würde. Alles habe ich hinterfragt. Ich habe überall nach Dir gesucht, im ganzen Volk. Ich habe so sehr gesucht!

Und dann wurde ich alt, uralt, steinalt. Ich habe schon geglaubt, dass mich Gott vergessen hat. Wozu sollte ich noch da sein? Ein Schwert kann ich schon lange nicht mehr halten. Dass meine Weisheit und mein Rat nur Stückwerk sind, das weiß ich schon lange. Nicht einmal zum Suchen habe ich noch Kraft.

Doch jetzt weiß ich, warum ich so lange warten musste: Heute bin ich geduldig genug, ein kleines Kind zu halten; weise genug, zu schweigen und deinen Schlaf nicht zu stören; und einfach dankbar dafür, dass du mich gefunden hast.

Herr, nun kann ich in Frieden sterben,
denn du hast dein Versprechen eingelöst!
Mit eigenen Augen habe ich es gesehen:
Du hast dein rettendes Werk begonnen
(Lukas 2,39)

23
Gott

Er war Gott gleich, hielt aber nicht daran fest, wie Gott zu sein, sondern entäußerte sich und wurde wie ein Sklave und den Menschen gleich.
Philipper 2,6f.

Ein verlassener Thronsaal, ein leerer Thron.
Eigentlich ein Bild, das einem Angst machen müsste, gerade in der heutigen Zeit, wo Politiker kommen und gehen, wo die Herrschenden ganz nach politischem Kalkül mal die Macht ausüben, und sich mal hinter „Sachzwängen", „Erwägungen", „Rücksichtnahmen auf den Bündnispartner" verstecken und aus der Verantwortung stehlen. Da wird dann eben kurzerhand zurückgetreten.

Weihnachten erzählt auch von so einem verlassenen Thronsaal, von so einem leeren Thron. Aber dieses Bild ist anders. Denn wir wissen, wohin der Herrscher gegangen ist:

Ein Stall, erfüllt mit Menschen. Mit Hirten und Weisen aus dem Morgenland, mit Alten und Jungen, mit Männern und Frauen, mit Maria und Josef. Eine Krippe, ein kleines, scheinbar machtloses Kind liegt darin. Und doch kommt von diesem Stall, der so ganz anders ist als alle Thronsäle und alle Throne im Himmel und auf Erden die Herrlichkeit Gottes zu uns Menschen.

Denn Gott ist Mensch geworden in Jesus Christus, damit er ganz nahe dabei sein kann, bei seinen Menschen, damit er ganz und gar seine Macht ausüben kann. Gott hat sich nicht aus der Verantwortung gezogen und ist hinter Wolkenbänken im himmlischen Paradies verschwunden, sondern ist zu denen gegangen, die ihm vertrauen. Darin zeigt sich Gottes Macht. Denn Gottes Macht ist die Liebe, eine Liebe die so groß ist, dass er sogar aus dem Himmel zu uns kam, weil wir den Weg zu ihm nicht fanden.

Gottes Thronsaal ist leer an Weihnachten, sogar die Engel schweben um den Stall, und es war nicht leicht gewesen, sie aus dem Himmlischen Thronsaal herauszukriegen. Aber sie erkannten: An der Krippe, über dem Stall sollten sie singen, denn dort ist uns Menschen der Heiland geboren, dort sehen wir Gott.

Gott, der Du zu uns kommst: Danke! Amen

24
Die Weihnachtsgeschichte nach Lukas

Es begab sich aber zu der Zeit, daß ein Gebot von dem Kaiser Augustus ausging, daß alle Welt geschätzt würde. Und diese Schätzung war die allererste und geschah zur Zeit, da Quirinius Statthalter in Syrien war. Und jedermann ging, daß er sich schätzen ließe, ein jeder in seine Stadt.

Da machte sich auf auch Josef aus Galiläa, aus der Stadt Nazareth, in das jüdische Land zur Stadt Davids, die da heißt Bethlehem, weil er aus dem Hause und Geschlechte Davids war, damit er sich schätzen ließe mit Maria, seinem vertrauten Weibe; die war schwanger.
Und als sie dort waren, kam die Zeit, daß sie gebären sollte. Und sie gebar ihren ersten Sohn und wickelte ihn in Windeln und legte ihn in eine Krippe; denn sie hatten sonst keinen Raum in der Herberge.

Und es waren Hirten in derselben Gegend auf dem Felde bei den Hürden, die hüteten des Nachts ihre Herde. Und der Engel des Herrn trat zu ihnen, und die Klarheit des Herrn leuchtete um sie; und sie fürchteten sich sehr. Und der Engel sprach zu ihnen: Fürchtet euch nicht! Siehe, ich verkündige euch große Freude, die allem Volk widerfahren wird; denn euch ist heute der Heiland geboren, welcher ist Christus, der Herr, in der Stadt Davids. Und das habt zum Zeichen: ihr werdet finden das Kind in Windeln gewickelt und in einer Krippe liegen. Und alsbald war da bei dem Engel die

Menge der himmlischen Heerscharen, die lobten Gott und sprachen:

Ehre sei Gott in der Höhe und Friede auf Erden bei den Menschen seines Wohlgefallens.

Und als die Engel von ihnen gen Himmel fuhren, sprachen die Hirten untereinander: Laßt uns nun gehen nach Bethlehem und die Geschichte sehen, die da geschehen ist, die uns der Herr kundgetan hat.
Und sie kamen eilend und fanden beide, Maria und Josef, dazu das Kind in der Krippe liegen.
Als sie es aber gesehen hatten, breiteten sie das Wort aus, das zu ihnen von diesem Kinde gesagt war. Und alle, vor die es kam, wunderten sich über das, was ihnen die Hirten gesagt hatten.

Maria aber behielt alle diese Worte und bewegte sie in ihrem Herzen.
Und die Hirten kehrten wieder um, priesen und lobten Gott für alles, was sie gehört und gesehen hatten, wie denn zu ihnen gesagt war.

Lukas 2, 1-20

Ein Gebet für das vergangene Jahr

Ewiger, Zeitloser Gott,
Du hast uns in eine Welt von Raum und Zeit gestellt
und durch die Erfahrungen unseres Lebens segnest
du uns mit Deiner Liebe.

Gib, das wir in der Erinnerung an das vergangene Jahr
Deine Gegenwart sehen dürfen.
Dass wir erkennen können,
wie Deine Liebe am Werk war in unserem Leben.
Dass wir sehen,
dass denen, die Gott lieben, alle Dinge zum Besten
dienen.

Und doch gab es Zeiten im vergangenen Jahr,
in denen wir Deine Liebe nur schwer sehen konnten.
Gib uns die Fähigkeit das Gute zu behalten,
und das Schwere loszulassen.
Gib uns die Kraft, denen zu danken, die Gutes für uns
getan haben,
und die zu segnen, die an uns schuldig geworden
sind.

Und erinnere uns immer wieder daran, dass unser
Anfang
und unser Ende in deiner Hand liegen,
dass wir beginnen dürfen, immer wieder neu,
so wie ein kleines Kind in der Krippe,
so, wie wir es an Weihnachten gefeiert haben.

Amen

Ein Gebet für das kommende Jahr

Ewiger Gott, Du hast uns in eine Welt von Raum und
Zeit gestellt
und durch die Erfahrungen unseres Lebens segnest
du uns mit Deiner Liebe.

Gib, das wir in der Hoffnung auf das kommende Jahr
Deine Gegenwart sehen dürfen;
dass wir erkennen können,
dass Deine Liebe am Werk ist in unserem Leben;
dass wir sehen, dass denen, die Gott lieben, alle
Dinge zum Besten dienen.

Und doch wird es Zeiten im neuen Jahr geben,
in denen wir Deine Liebe nur schwer sehen werden.
Gib uns die Fähigkeit Hoffnung zu behalten,
und beschütze uns in den schweren Zeiten.
Gib uns die Kraft, denen zu danken, die Gutes für uns
tun, und die zu segnen, die an uns schuldig werden.

Und erinnere uns immer wieder daran,
dass unser Anfang und unser Ende in deiner Hand
liegen,
dass wir leben dürfen, immer wieder neu,
so wie das Leben siegreich bleibt,
wie der Tod es nicht halten kann
in Jesus Christus, dem Auferstandenen
so, wie wir es in der Osternacht
und jeden Tag
und jeden Morgen feiern.
Amen

Axel Schwaigert:
Pfarrer Dr. Axel Schwaigert, Jahrgang 1968, ist der Gründungspfarrer von Salz der Erde MCC Gemeinde Stuttgart. Nach dem Studium in Tübingen (evangelische Theologie) und Philadelphia/USA (interreligiöser Dialog) absolvierte er sein Vikariat Bournemouth/England bei der dortigen MCC Gemeinde in. Nach seiner Ordination im Jahr 2000 begann er mit dem Gemeindeaufbau in Stuttgart. Seinen "Doctor in ministry"machte er an Episcopal Divinity School in Cambridge/MA/USA. Er ist seit 2006 Mitglied im Theologies Team der MCC und ist Co-Autor des Glaubensbekenntnisses der MCC.

In seinem weltlichen Beruf arbeitet er als Bestatter in Stuttgart. Seine Leidenschaft gilt dem Theater: Er singt, spielt und tanzt regelmäßig auf der Bühne des Kelley Theaters in Stuttgart, dem Theater der US Armee in Stuttgart.

axel@ufmcc.de
www.ufmcc.de